まちごとアジア

チョガ・ザンビル
Iran 008 Choga Zanbil
「古代文明」の足跡たどって

چغازنبیل

Asia City Guide Production

【白地図】イラン

ASIA
イラン

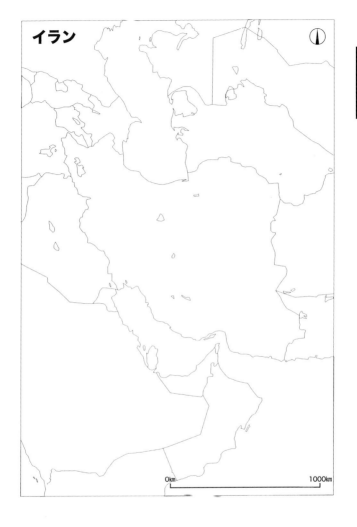

【白地図】フーゼスタン地方

ASIA
イラン

フーゼスタン地方

Choga Zanbil | 白地図

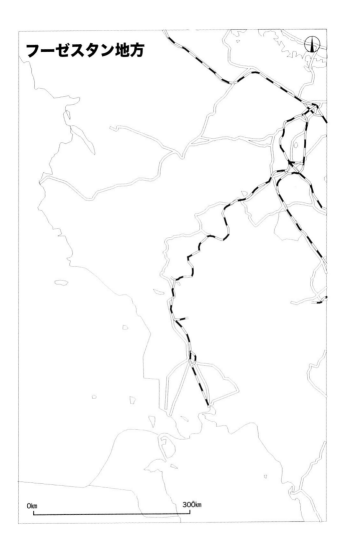

0km　　　300km

【白地図】アフヴァーズ〜チョガザンビル

ASIA
イラン

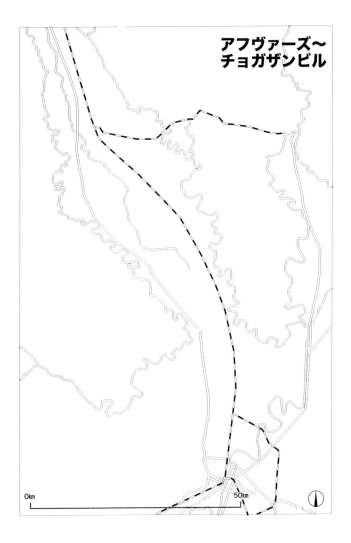

【白地図】チョガザンビル

ASIA
イラン

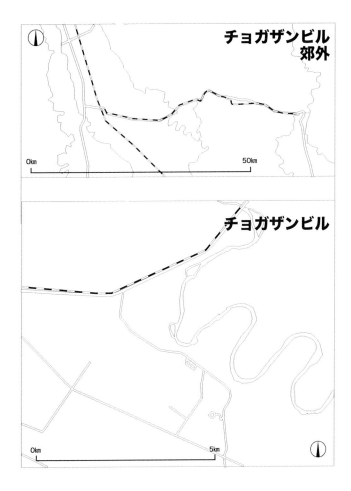

【白地図】チョガザンビル遺跡

ASIA
イラン

チョガザンビル遺跡

Choga Zanbil 白地図

0m　50m

【白地図】スーサ

ASIA
イラン

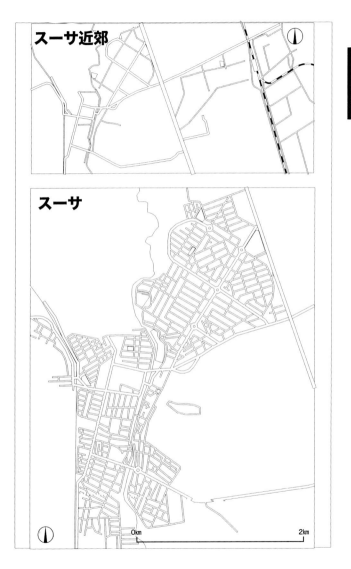

【白地図】スーサ遺跡

ASIA
イラン

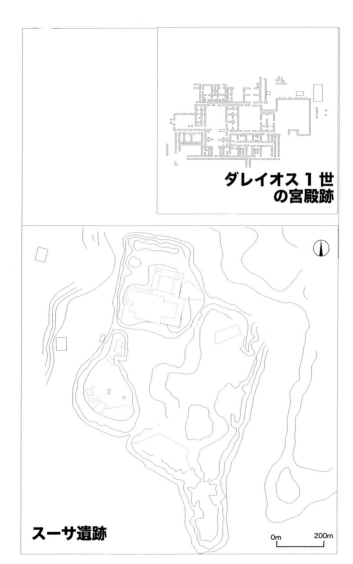

**ダレイオス1世
の宮殿跡**

スーサ遺跡

0m　200m

【白地図】シーシュタル

ASIA
イラン

シーシュタル

Choga Zanbil

白地図

【白地図】シーシュタル中心部

【白地図】アフヴァーズ

ASIA
イラン

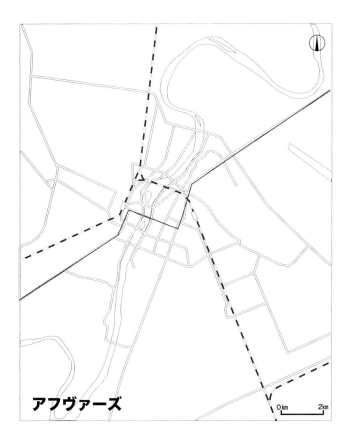

Choga Zanbil | 白地図

【白地図】アフヴァーズ市街

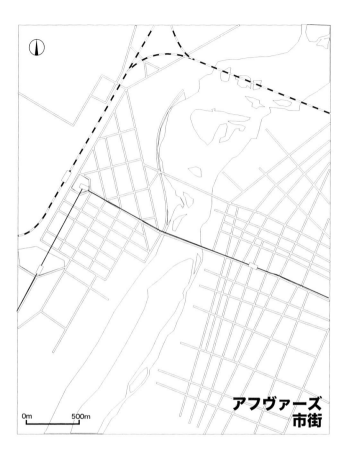

【まちごとアジア】
イラン 001 はじめてのイラン
イラン 002 テヘラン
イラン 003 イスファハン
イラン 004 シーラーズ
イラン 005 ペルセポリス
イラン 006 パサルガダエ(ナグシェ・ロスタム)
イラン 007 ヤズド
イラン 008 チョガ・ザンビル(アフヴァーズ)
イラン 009 タブリーズ
イラン 010 アルダビール

イラク国境に近いフーゼスタン州、メソポタミアへと続く平原に位置するチョガ・ザンビル。ペルシャ成立以前に栄えたエラム王国の都市遺跡が残り、高さ25m、一辺100mからなる「ピラミッド状の神殿」ジッグラトがそびえている。

古代文明を花開かせたメソポタミア地方の周縁にあたるエラム地方は(エラムとは「東」を意味する)、交易などを通じてメソポタミアの文化的影響を受けることが多かった。この地では古くから興亡が繰り返され、紀元前13世紀なかご

Choga Zanbil
チョガザンビル
چغازنبیل

ろ、エラム王ウンタシュガルによってジッグラトを中心とするドゥルウンタシュ（チョガ・ザンビル）が造営された。

エラム王国はメソポタミア文明の影響を受けながらも、言語、彫刻などに独自性をもち、紀元前7世紀の滅亡後、その政治制度はのちのペルシャ帝国に受け継がれている。長い歴史のなかでメソポタミアのジッグラトが荒廃していくなか、その周辺にあったエラム王国のものが最大規模で現存し、1979年、ユネスコ世界遺産に登録された。

【まちごとアジア】

イラン 008 チョガ・ザンビル（アフヴァーズ）

目次

チョガ・ザンビル（アフヴァーズ） ……………………………xxiv

大きなかごのような山 ……………………………………xxxii

チョガザンビル鑑賞案内……………………………………xxxix

スーサ ……………………………………………………………l

失われた古代都市 …………………………………………liv

スーサ鑑賞案内 …………………………………………lxii

シューシュタル城市案内……………………………………lxix

伝わる古代人の智慧 ………………………………………lxxvii

アフヴァーズ ………………………………………………lxxxii

イラクへ続く油田地帯………………………………………lxxxix

ASIA
イラン

【MEMO】

【地図】イラン

ASIA
イラン

【地図】フーゼスタン地方

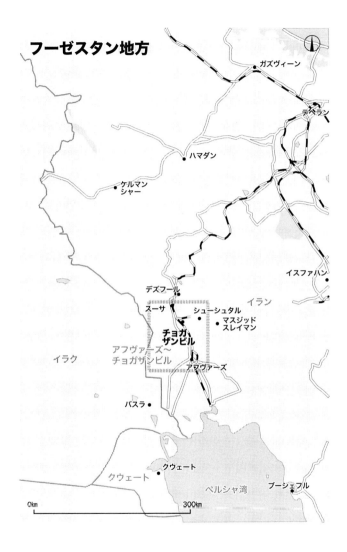

大きなかごのような山

ASIA イラン

のっぺりとした平原にそびえる
巨大なピラミッド状の神殿ジッグラト
西アジア最大のジッグラトがここに

チョガ・ザンビルの「発見」

紀元前13世紀、ウンタシュガル王によって造営されたドゥールウンタシュ（古代エラム語で「ウンタシュ王の城塞」を意味する現在のチョガ・ザンビル）。王の死後、破棄され、その後、紀元前640年ごろ、エラムに侵入したアッシリアのアッシュールバニパルによって都スーサとともに破壊された。2500年以上も放棄されていたが、1935年、油田探索の調査飛行中に巨大な山状の遺構が発見され、それが古代エラムの遺跡ドゥールウンタシュだと判明した。遺跡の発掘は1951年からはじまり、発見当時の姿をさして「大きなかごのよう

Choga Zanbil 大きなかごのような山

な山」を意味するチョガ・ザンビルと名づけられた。

エラム王国

メソポタミア平原とイラン高原のちょうどはざまに位置するスーサに都をおいた古代王国エラム。紀元前2500年ごろに成立し、その後、中期エラム（紀元前1330〜前1110年）、新エラム王国（紀元前750年ごろ〜前639年）へと続いた。このうち中期エラムが最盛期で、チョガ・ザンビルを建設したウンタシュガル王、メソポタミアへ侵入し、ハンムラビ法典の石碑を奪ったシュトルクナフンテ王などが知られる（ハ

ASIA
イラン

ンムラビ法典はスーサで発見された)。エラム王国はメソポタミア文明と並行するように、この地で独自の言語や体制を維持していたが、紀元前7世紀になってアッシリアに滅ぼされた。エラム語は紀元前6世紀に成立するアケメネス朝ペルシャにおいても、碑文に刻まれるなど主要言語だったことがわかっていて、ペルセポリスからもエラム語の文書が出土している。

ジッグラトとは

メソポタミア文明で見られるジッグラト(「高いもの」を意

▲左　英語とペルシャ語で書かれた看板。　▲右　発見されたとき山のような土のかたまりだった

味する)は、焼成レンガでくみあげられた階段状の神殿となっている。高低差がほとんどない低地のメソポタミア平原では、天へつながる山と神を結びつける信仰が見られ、ジッグラトの頂上にはメソポタミアの神々がまつられていた。このジッグラトの様式は、シュメール人ウル第三王朝（紀元前2112〜前2095年）の時代に確立され、隣接するエラムにも影響をあたえてチョガ・ザンビルが造営された。エラム王国ではスーサが行政上の首都であったのに対して、チョガ・ザンビルは宗教上の聖域だったと考えられている。

【地図】アフヴァーズ〜チョガザンビル

【地図】アフヴァーズ〜チョガザンビルの [★★★]
- [ ] チョガ・ザンビル Choga Zanbil
- [ ] スーサ Shush
- [ ] シューシュタル Shushtar

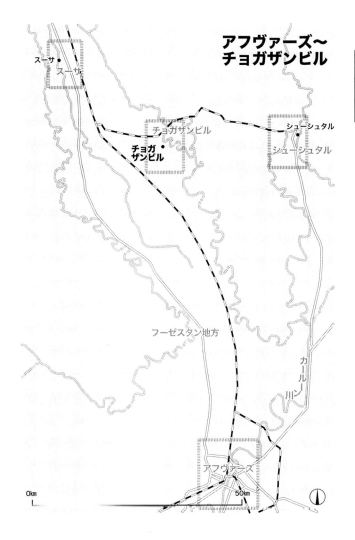

【MEMO】

ASIA
イラン

**Guide,
Choga Zanbil**

チョガザンビル
鑑賞案内

スーサに都をおいたエラム王国
ペルシャが建国される以前、この地で興亡が繰り広げられた
安寧を願う神々への祈り

チョガ・ザンビルの構成

エラム王国が全盛期を迎えていた紀元前13世紀、ウンタシュガル王は首都スーサの南に位置するデズ川の右岸に新たな都市ドゥールウンタシュ（チョガ・ザンビル）を建設した。そこではエラムの神インシュシナクがまつられ、首都スーサとエラムの人々を守る聖なる都だった。神殿がおかれたジッグラトを中心に、二重の城壁で囲まれ、それぞれ外壁1250 × 850m、内壁470 × 380mの矩形となっている。内壁には7つの城門があり、内壁内は聖域テメノスと呼ばれていた。聖域にはジッグラト、その周囲に神殿、また装飾品を安置する

【地図】チョガザンビル

【地図】チョガザンビルの [★★★]
- [ ] チョガ・ザンビル Choga Zanbil
- [ ] スーサ Shush
- [ ] シューシュタル Shushtar

【地図】チョガザンビルの [★★☆]
- [ ] ハフト・タッペ Haft Tappe

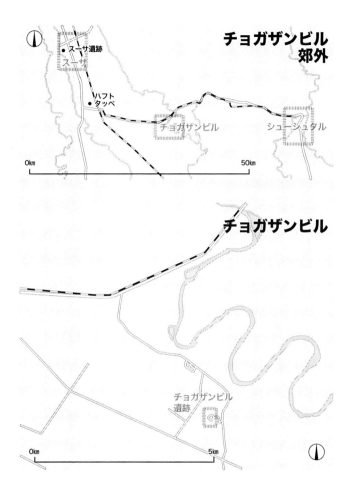

【地図】チョガザンビル遺跡

【地図】チョガザンビル遺跡の [★★★]
- [ ] ジッグラト Ziggurat

【地図】チョガザンビル遺跡の [★☆☆]
- [ ] 王墓 Tomb
- [ ] 宮殿跡 Palace

チョガザンビル遺跡

ASIA
イラン

倉庫などがあったが、王の死後、居住区や商業区などの建設は中断され、やがて放棄された。排水路や水をためるダムの跡が残り、優れた水利施設をもっていたことがわかっている。

ジッグラト Ziggurat ［★★★］

チョガ・ザンビルの中心に立つジッグラトは、一辺105mの正方形プランをもち、上部が崩れて25mの高さだが、「一辺を200エラムキュービット、高さ100エラムキュービットで建設した」という記録から、当時は52.6mの高さを誇っていたことが推測されている（第3テラスまで現存しているが、

チョガザンビル鑑賞案内 Choga Zanbil

▲左 壁面に刻まれた楔形文字。 ▲右 遠くからジッグラトをのぞむ、今から3000年以上前の遺構

実際は第4テラスまであった)。ジッグラトの四隅は正確に東西南北をさし、内部には墳墓、部屋、トンネル、頂上にあがるための階段跡のほか、壁面に刻まれた楔形のエラム文字が見られる（紀元前16〜前8世紀ごろのもの）。「かつての王たちが建てたものよりも高い神殿を建設し、それを聖域の守護神たるインシュシナクとフンバンの神に捧げた」という王の記録が残っている。

ASIA
イラン

王墓 Tomb [★☆☆]

チョガ・ザンビル市域の東部に残る王墓。ウンタシュガル王とその一族が埋葬されたと考えられている。当時、エラムでは土葬が一般的だったが、王は火葬されていた。

宮殿跡 Palace [★☆☆]

ジッグラト周囲におかれたエラムの神々がまつられた宮殿跡。宮殿からは剣の柄、動物の像、印章などが出土している。

▲左 かつては50mを超す高さを誇っていたという。　▲右 チョガ・ザンビル中心部は聖域となっていた

ラピス・ラズリが伝える交易の道

チョガ・ザンビルには、表面に青色の釉薬がかかったレンガが残っていて、かつてはラピス・ラズリで建物の表面が装飾されていたと考えられている。このラピス・ラズリはアフガニスタンのバダクシャン地方でとられるもので、メソポタミアからイラン高原をへて、中央アジアやインドにいたる交易の道があったことが確認されている。

ハフト・タッペ Haft Tappe [★★☆]

チョガ・ザンビルから北西20kmに位置する遺構ハフト・タッ

ASIA
イラン

ペ。ハフトは「7」を、タッペは「丘」をさし、その名の通り遺跡は7つの丘からなる。紀元前14世紀に造営されたエラム王国の都カプナク跡と見られ、テプティ・アハール王によって造営された。ハフト・タッペから100年ほどのちの時代にチョガ・ザンビルが造営されているが、エラムでは即位した王は新たに都をつくることが多かった。遺跡の中心には南北75m、東西60m、高さ14.5mの丘が残っていて、ここにエラムの神キルワシールがまつられていた。またこの遺跡からはパルティア時代の遺構も出土している。

【スーサ】

アパダーナ（宮殿）Apadana
王の都市 Royal Town
モルガン城 Chateau de Morgan
聖ダニエル廟 Tomb of Daniel

ASIA
イラン

　東はインダス河から西はバルカン半島にいたる広大なアケメネス朝ペルシャの首都として紀元前6世紀にダレイオス1世によって築かれた都スーサ。ここはメソポタミアとイラン高原の中間にあたり、ペルシャ成立以前のエラム王国の都が紀元前2000年からおかれていた。

　ペルセポリスが宗教都市だったのに対して、スーサはアケメネス朝の行政が行なわれた都で、バビロン、アナトリアへの地の利が優れていた。ここから放射状に伸びた「王の道」は帝国中をめぐり、早馬はわずか11日でスーサからサルディ

Shush شوش スーサ

ス（現在のトルコ）を駆け抜けたという。

　スーサの宮殿には、ペルシャ帝国中の財宝が蓄えられていたが、紀元前4世紀のアレクサンダーの東征によって陥落した。ササン朝時代に廃墟と化し、その後、いったん復興したが13世紀のモンゴル軍の侵入で破壊された。現在は荒涼とした大地に遺構が点在していて、当時の様子をわずかに伝えている。

【MEMO】

ASIA
イラン

アケメネス朝ペルシャの領土

現代の中東

失われた古代都市

イラン

ペルセポリスとならぶアケメネス朝の都スーサ
ダレイオス1世によって築かれる以前から
この地方の中心都市だった

アケメネス朝ペルシャの首都

紀元前521年ごろ、ダレイオス1世によって築かれたアケメネス朝ペルシャの都市遺跡スーサ。この都の建設にあたっては、各地から資材がとり寄せられ、帝国を代表する技術者、職人などの力が結集された。アケメネス朝の行政、外交をになう首都として、スーサは広大な領土の中枢となり、その規模はペルセポリスにならぶものだったという。スーサから帝国各地に「王の道」が伸び、東はペルセポリス、西はバビロン、北はエクバタナ、南はペルシャ湾からインドやエジプトにつながり、勅令が伝えられた。またスーサから派遣された

サトラップ（知事）は徴税などを執り行なっていた。

古代王国の都

アケメネス朝ペルシャにさかのぼるエラム王国は、紀元前3000年〜前7世紀までスーサを中心に栄えた古代王国（スーサには「スーサの主」を意味する神インシュシナクがまつられていた）。独自の文字、独自の文化をもっていたエラム王国は、いっときはイラン高原の大部分をその支配下におさめ、王は「四界の王」を名乗っていた（各地の諸侯のうえに王が君臨する連合国家だった）。メソポタミア文明の周縁に位置

ASIA
イラン

することから、文化的に影響を受け、チョガ・ザンビルなどに神殿ジッグラトが建てられた。エラムはメソポタミア平原とイラン高原の紐帯地点に位置し、さらにこの時代、東にはインダス文明が栄えていた（遺跡のアクロポリス地点がエラムの王城跡だった）。

スーサから出土した『ハンムラビ法典』

バビロニアのハンムラビ王が定めた現存する世界最古級の法典『ハンムラビ法典』。メソポタミア地方の多様な民族を統治するため、シュメール時代から受け継がれた慣習をもとに

▲左　発掘のために建てられたフランスの城塞。　▲右　廃墟となったアケメネス朝の宮殿跡

明文化されたものとなっている。この法典では有名な「目には目を」「歯には歯を」という文言が記され、女性や社会的弱者を保護するための条項も盛り込まれていた。紀元前12世紀、バビロンに侵入したエラムの王シュトルクナフンテは、戦勝記念として『ハンムラビ法典』をスーサに持ち帰っていた。その後、3000年のときをへて、20世紀にこの法典が発掘され、現在はルーブル美術館に展示されている（遊牧民アムル人を出自とするバビロニア王国は、イラクのバビロンを中心に紀元前2000年〜前9世紀ごろまで栄えた）。

【地図】スーサ

【地図】スーサの [★★★]
- [ ] スーサ Shush

【地図】スーサの [★★☆]
- [ ] 聖ダニエル廟 Tomb of Daniel

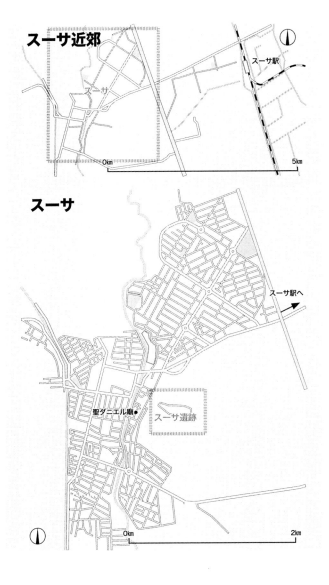

スーサ近郊

スーサ駅

スーサ

スーサ駅へ

聖ダニエル廟●

スーサ遺跡

【地図】スーサ遺跡

【地図】スーサ遺跡の [★★☆]
- [ ] アパダーナ（宮殿）Apadana
- [ ] 聖ダニエル廟 Tomb of Daniel

【地図】スーサ遺跡の [★☆☆]
- [ ] 王の都市 Royal Town

ダレイオス1世の宮殿跡

スーサ遺跡

Guide, Shush
スーサ鑑賞案内

ASIA イラン

長いあいだ破棄されていたスーサ遺跡
近代以降発掘が進み、その概要が把握された
廃墟となった遺跡が古代ペルシャの栄光をわずかに伝える

スーサの都市プラン

紀元前6世紀、ダレイオス1世によって建設されたアケメネス朝の都スーサ。スーサは北にアパダーナ、西にアクロポリス、東に王の都市、南に天守閣が配置された4つの地区からなる。近くを流れるシャーウル川から水をひかれ、とくに勅令を伝える行政都市の役割を果たし、またここで冬に王が過ごすことが多かった。紀元前7世紀より昔にさかのぼるエラム時代から、アケメネス朝ペルシャ、その後のイスラム侵入後までの遺物が発掘されている。

アパダーナ（宮殿）Apadana ［★★☆］

エラム地方の様式を踏襲しながら、建設されたアケメネス朝ペルシャの宮殿アパダーナ。紀元前6世紀、この都を造営したダレイオス1世による「アフラ・マズダの恩寵によって余は壮麗なる宮殿をスーサに建設した。願わくはアフラ・マズダが余と余の…父、ならびに余の国を害悪から護り給わんことを」という文言が刻まれている。紀元前4世紀のアレクサンダーの遠征でスーサは陥落し、その後、破壊されて現在にいたる。

ASIA
イラン

各地から取り寄せられた材料

木材(レバノン)

金(サルディスとバクトリア)

ラピス・ラズリ、柘榴石(ソグディアナ)

トルコ玉(ホラズミア)

銀、黒檀(エジプト)

壁面装飾品(イオニア)

象牙(エチオピア、アラコシア)

ヤカの木(ケルマン、ガンダーラ)

柱のための石材(エラムの地方)

▲左　スーサはペルセポリスとならぶ都だった。　▲右　ダニエル廟、特徴的なかたちをしている

王の都市 Royal Town ［★☆☆］

遺跡南側に展開する王の都市は、居住区がおかれていたところ。ここで宮廷に仕える貴族や役人が暮らしていた。アケメネス朝の初期にはエラム語は公用語として使われ、多くのエラム人が宮廷に登用されていたという。

ASIA
イラン

モルガン城 Chateau de Morgan ［★☆☆］

モルガン城は、都市遺跡スーサの発掘にあたったフランス隊の館。19世紀末、この地域の治安が悪かったことから建設された。フランス隊の発掘でスーサ遺跡の全容が明らかになっていった。

聖ダニエル廟 Tomb of Daniel ［★★☆］

スーサ遺跡の西側に位置する旧約聖書『ダニエル書』の主人公ダニエルの霊廟。『ダニエル書』に記されているダニエルは、バビロンに捕囚されたユダヤ人のひとりで、幼いころから知力を発揮したために宮廷で重宝されるようになった。彼はバビロニアの王に仕えながら、メソポタミアの神々に捧げられた食事を口にすることもなく、ユダヤの神への忠実さを忘れなかった。バビロニアを滅ぼしたアケメネス朝のキュロス王によってユダヤ人は解放されたが、ダニエルはペルシャ帝国にも仕えたという記録が残っている。

**Guide,
Shushtarh**

シューシュタル城市案内

世界遺産に指定されているシューシュタルの水利施設
古都グンデ・シャープール
いずれもササン朝の栄華を伝える

シューシュタル Shushtar ［★★★］

ザグロス山脈に発し、ペルシャ湾に注ぐイラン最大のカールーン川のほとりに開けた街シューシュタル。アフヴァーズの北90kmに位置するこの地にはササン朝ペルシャ時代に架けられた橋、ダムが残り、それらの水利施設は世界遺産にも指定されている。3世紀、ササン朝初代の王アルデシール1世、第2代シャープール1世時代を通じて、川の右岸に15、左岸に10の粉引き水車小屋が建てられ、洪水や地震の被害から改築を繰り返して今の姿になった。この水利施設の造営にあたっては、ササン朝ペルシャの捕虜となったローマ人捕虜の技術が使われている。

【地図】シーシュタル

【地図】シーシュタルの [★★★]
☐ シューシュタル Shushtar

【地図】シーシュタルの [★★☆]
☐ バンデ・カイサル Band-e Kaisar

シーシュタル

シューシュタル城市案内

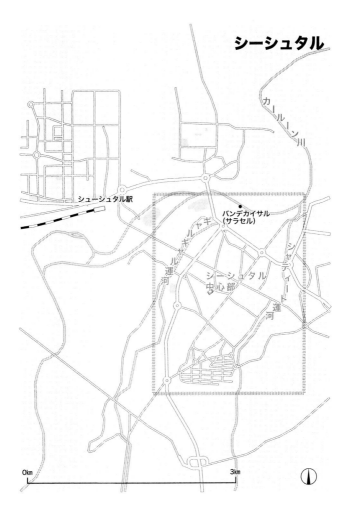

【地図】シーシュタル中心部

【地図】シーシュタル中心部の ［★★★］
- [ ] シューシュタル Shushtar

【地図】シーシュタル中心部の ［★★☆］
- [ ] バンデ・カイサル Band-e Kaisar

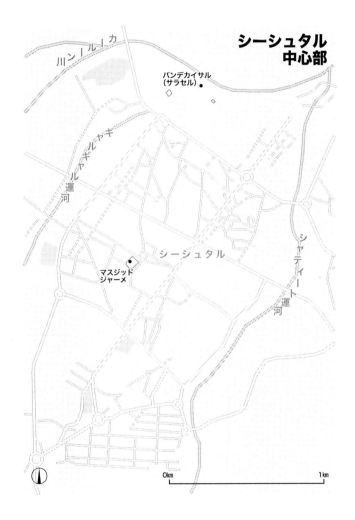

ASIA
イラン

バンデ・カイサル Band-e Kaisar ［★★☆］

シューシュタルに架かる全長 550m のダムを兼ねた橋バンデ・カイサル。「皇帝のダム」を意味し、ササン朝との戦いで捕虜になったローマ人石工の技術でつくられた。地形にあわせて湾曲するように橋（ダム）が伸び、41 本の橋桁が橋を支えている。バンデ・カイサルは近代までシューシュタルへ水をひく灌漑用に使われていたと言われ、このほかにもバンデ・グルガー、バンデ・ミヤンがササン朝時代にローマ人の技術でつくられた水利施設として知られる。

▲左 アフヴァーズからカールーン川をたどってゆく。 ▲右 ローマを屈服させたシャープール1世、ナグシェ・ロスタムにて

グンデ・シャープール Gundeshapur ［★☆☆］

スーサの東20kmに位置するササン朝時代の都市遺跡グンデ・シャープール（「シャープールの武器」を意味する）。3世紀、シャープール1世によって築かれ、クテシフォンに準ずる帝国の都となっていた（捕虜になったローマ人の技術が見られる）。またササン朝の王ホスローはここグンデ・シャープールに大学をつくり、ビザンツ帝国で職を失った学者たちを迎えたため、ペルシャ帝国では医学、哲学などの学問が大いに隆盛していた。ギリシャ・ローマの学問とペルシャの伝統が交わることで、のちの世でイスラム科学が生み出された。

【MEMO】

ASIA
イラン

伝わる
古代人の
智慧

3世紀、ローマ皇帝を捕虜にしたササン朝のシャープール1世
王は、ローマ人捕虜たちに工事を命じ
美しい水利施設が完成した

カールーン川のほとり

ザグロス山脈からくだってフーゼスタン地方を潤すイラン最大のカールーン川。古く紀元前6世紀のアケメネス朝時代から灌漑施設が整備されるなど、乾燥地帯にあって貴重な水源となってきた（アケメネス朝の都スーサや古代都市シーシュタル、グンデ・シャープールに都がおかれたのは、この河川近くという地理によるところが大きい）。フーゼスタン地方を潤しながらくだったのち、シャトル・アラブ川に合流し、ペルシャ湾にそそぐ流れは850kmにもなる。イランの河川では唯一の航行可能な河川として知られ、アフヴァーズから

シーシュタルまで遡行できる。とくに20世紀になって油田マスジッド・スレイマンが発見されると、輸送路として注目されるようになった。

ササン朝ペルシャ

3世紀に成立したササン朝はクテシフォンに都をおき、「栄光のペルシャ帝国再興」をかかげて、西に隣接するローマ帝国と度々戦うようになっていた（ティグリス川とユーフラテス川上流域が長年、両国の抗争地域だった）。若く即位したササン朝第2代シャープール1世は、260年、エデッサの戦

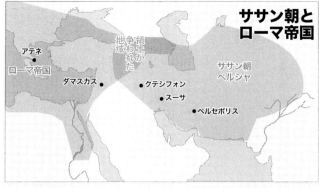

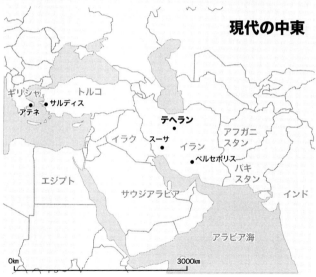

ASIA
イラン

いでローマ皇帝ヴァレリアヌスを捕虜にし、数万人のローマ人を自国内へと連行して橋や道路建設などの公共事業にあたらせた。皇帝が捕虜になるという事態は、当時のローマ帝国に衝撃をあたえるとともに、シャープール１世は歴代ペルシャ皇帝のなかでも名君として知られ、ペルセポリス近くのナグシェ・ロスタムにその様子を壁画に刻ませている。

Choga Zanbil 伝わる古代人の智慧

ローマ人の技術

数万人規模のローマ人捕虜が連行されたため、シューシュタル近郊ではキリスト教徒が多く暮らしていた。ローマ帝国では、戦時に城塞や街道をつくったり、橋をかけたりする必要から、軍人それぞれが土木技術をもっていた。とくに噴水や浴場、トイレなど、ローマでも見られるように水利技術はローマ最大の貢献として知られ、その技術がシーシュタルでも発揮されることになった。

【アフヴァーズ】
アフヴァーズ Ahvaz

ASIA
イラン

イラン南西部、イラクとの国境にほど近いフーゼスタン州の州都アフヴァーズ。世界遺産チョガ・ザンビルやシューシュタル、古代遺跡スーサへの起点となるほか、マスジッド・スレイマンやアザデガン油田に近い大油田地帯の中核となっている。

アフヴァーズ近郊は、アケメネス朝、ササン朝以来の伝統をもち、この地方には決して絶えることのない火が燃え盛っていたという。そして人々はそれを「ゾロアスター教の神」アフラ・マズダの威光によるものだと考えていた（実際は石

Ahvaz アフヴァーズ
اهواز

油だった)。

　この街の名前は638年のアラブ軍の侵入以来、アフヴァーズとなったが、以後、歴史のなかで衰退していた。20世紀初頭には寒村があるに過ぎなかったものの、1908年、中東初の油田マスジデ・スレイマンが発見されたことで街は発展するようになった。現在、この街には「南の人（ジョヌビー）」と呼ばれるアラブ系の人々が暮らしている。

【地図】アフヴァーズ

ASIA
イラン

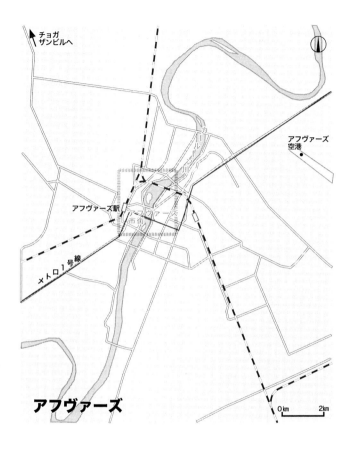

【地図】アフヴァーズ市街

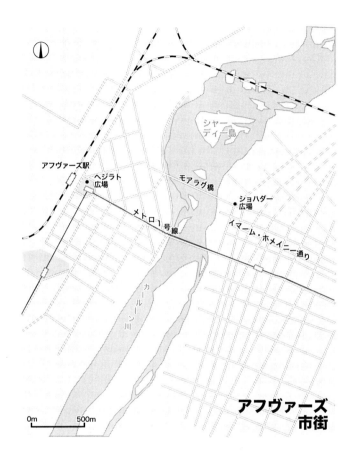

アフヴァーズ市街

イラク
へ続く
油田地帯

イラクとの国境沿いに広がるフーゼスタン州
ここにはアラブ系住民が多く暮らし
イランの他の地域とは異なった独自の文化をもつ

特異な地理

イラン南西部に位置するフーゼスタン州は、古くエラムと呼ばれた地域にあたり、標高100mに満たない平原が続いている。北東に走るザグロス山脈がイラン中心部とこの地方をへだて、この国の大部分が標高1000mを超えるイラン高原にあるのに対して、フーゼスタン州の環境や気候はイランのほかの街とは大きく異なる。イラン最大のカールーン川が流れ、ペルシャ湾からの湿潤な空気が運ばれるため、アフヴァーズの降雨量は多く、また夏の気温は50度にものぼる。

ASIA
イラン

イラン・イラク戦争の激戦地

イランとイラクの国境を流れるシャトル・アラブ川は、石油の積み出しにあたって重要な河川で、この地域は16世紀以降だけで10度以上の国境が変わるなど争いが絶えない場所だった。1979年、イスラム革命が起こったイランでは、イスラム教シーア派を色濃く出した国づくりが進められた。一方、隣国イラクでは国の南部にシーア派イスラム教徒を多く抱え、革命の余波を恐れたイラク（サダム・フセイン大統領）はイランを警戒するようになった。両国の対立が極限に達した1980年、イラク軍によるテヘラン空爆で、イランとイラ

Choga Zanbil　イラクへ続く油田地帯

▲左　アケメネス朝ペルシャの時代から水利施設が発達していた。　▲右　アフヴァーズは大油田地帯の核となっている

クは開戦した。こうしてはじまったイラン・イラク戦争（イラ・イラ戦争）は8年間にわたって泥沼化し、とくに両国の境にあたるフーゼスタン州は甚大な被害を受けることになった。この戦争は領土問題だけでなく、「ペルシャ」と「アラブ」、「シーア派」と「スンニ派」という問題を内包していた。

ASIA
イラン

メソポタミアからペルシャへ

「肥沃な三角地帯」として知られるメソポタミア地方では、今から7000年前に人類初の農耕がはじまっている(「ふたつの川のあいだ」を意味し、チグリス・ユーフラテス川の流れるイラク、イラン、シリア、トルコにまたがる)。川の恵みを受けた肥沃な土地では、農業の収穫が飛躍的に伸び、効率的な灌漑を行なうための組織とその指導者が台頭した。生活に必要な食料以外の余剰物は、他の地方との交易にあてられ、このような経済活動のなかから都市国家が現れた。こうして育まれたメソポタミア文明は、紀元前3500年のシュメール

Choga Zanbil | イラクへ続く油田地帯

から、アッカド、バビロニア、アッシリアへと続き、官僚組織、法律、税制、天文、宗教などが発達し、楔形文字も刻まれるようになった。やがてオリエントの文化を吸収するように、紀元前6世紀にアケメネス朝ペルシャが樹立され、メソポタミアからイラン高原へとその舞台は移っていった。

参考文献

『世界の大遺跡4 メソポタミアとペルシア』(増田精一 / 講談社)

『古代エラム建築の研究その1〜3』(岡田保良 / 国士舘大学イラク古代文化研究所)

『古代イランの美術』(ロマン・ギルシュマン / 新潮社)

『イラン史』(蒲生礼一 / 修道社)

『ペルシア美術史』(深井晋司・田辺勝美 / 新潮社)

『図説ペルシア』(山崎秀司 / 河出書房新社)

『ローマ人の物語　〜迷走する帝国』(塩野七生 / 新潮社)

『水道が語る古代ローマ繁栄史』(中川良隆 / 鹿島出版会)

『世界大百科事典』(平凡社)

まちごとパブリッシングの旅行ガイド

Machigoto INDIA , Machigoto ASIA , Machigoto CHINA

【北インド - まちごとインド】

001 はじめての北インド
002 はじめてのデリー
003 オールド・デリー
004 ニュー・デリー
005 南デリー
012 アーグラ
013 ファテープル・シークリー
014 バラナシ
015 サールナート
022 カージュラホ
032 アムリトサル

【西インド - まちごとインド】

001 はじめてのラジャスタン
002 ジャイプル
003 ジョードプル
004 ジャイサルメール
005 ウダイプル
006 アジメール（プシュカル）
007 ビカネール
008 シェカワティ
011 はじめてのマハラシュトラ
012 ムンバイ
013 プネー
014 アウランガバード
015 エローラ
016 アジャンタ
021 はじめてのグジャラート
022 アーメダバード
023 ヴァドダラー（チャンパネール）
024 ブジ（カッチ地方）

【東インド - まちごとインド】

002 コルカタ
012 ブッダガヤ

【南インド - まちごとインド】

001 はじめてのタミルナードゥ
002 チェンナイ
003 カーンチプラム
004 マハーバリプラム
005 タンジャヴール
006 クンバコナムとカーヴェリー・デルタ
007 ティルチラパッリ
008 マドゥライ
009 ラーメシュワラム
010 カニャークマリ
021 はじめてのケーララ
022 ティルヴァナンタプラム
023 バックウォーター（コッラム〜アラップーザ）
024 コーチ（コーチン）
025 トリシュール

【ネパール - まちごとアジア】

001 はじめてのカトマンズ
002 カトマンズ
003 スワヤンブナート

004 パタン
005 バクタプル
006 ポカラ
007 ルンビニ
008 チトワン国立公園

【バングラデシュ - まちごとアジア】

001 はじめてのバングラデシュ
002 ダッカ
003 バゲルハット（クルナ）
004 シュンドルボン
005 プティア
006 モハスタン（ボグラ）
007 パハルプール

【パキスタン - まちごとアジア】

002 フンザ
003 ギルギット（KKH）
004 ラホール
005 ハラッパ
006 ムルタン

【イラン - まちごとアジア】

001 はじめてのイラン
002 テヘラン
003 イスファハン
004 シーラーズ
005 ペルセポリス
006 パサルガダエ（ナグシェ・ロスタム）
007 ヤズド
008 チョガ・ザンビル（アフヴァーズ）
009 タブリーズ
010 アルダビール

【北京 - まちごとチャイナ】

001 はじめての北京
002 故宮（天安門広場）
003 胡同と旧皇城
004 天壇と旧崇文区
005 瑠璃廠と旧宣武区
006 王府井と市街東部
007 北京動物園と市街西部
008 頤和園と西山
009 盧溝橋と周口店
010 万里の長城と明十三陵

【天津 - まちごとチャイナ】

001 はじめての天津
002 天津市街
003 浜海新区と市街南部
004 薊県と清東陵

【上海 - まちごとチャイナ】

001 はじめての上海
002 浦東新区
003 外灘と南京東路
004 淮海路と市街西部
005 虹口と市街北部
006 上海郊外（龍華・七宝・松江・嘉定）
007 水郷地帯（朱家角　周荘・同里・甪直）

【河北省 - まちごとチャイナ】

001 はじめての河北省
002 石家荘
003 秦皇島
004 承徳
005 張家口
006 保定
007 邯鄲

【江蘇省 - まちごとチャイナ】

001 はじめての江蘇省
002 はじめての蘇州
003 蘇州旧城
004 蘇州郊外と開発区
005 無錫
006 揚州
007 鎮江
008 はじめての南京
009 南京旧城
010 南京紫金山と下関
011 雨花台と南京郊外・開発区
012 徐州

【浙江省 - まちごとチャイナ】

001 はじめての浙江省
002 はじめての杭州
003 西湖と山林杭州
004 杭州旧城と開発区
005 紹興
006 はじめての寧波
007 寧波旧城
008 寧波郊外と開発区
009 普陀山
010 天台山
011 温州

【福建省 - まちごとチャイナ】

001 はじめての福建省
002 はじめての福州
003 福州旧城
004 福州郊外と開発区
005 武夷山
006 泉州
007 厦門
008 客家土楼

【広東省 - まちごとチャイナ】

001 はじめての広東省
002 はじめての広州
003 広州古城
004 天河と広州郊外
005 深圳（深セン）
006 東莞
007 開平（江門）
008 韶関
009 はじめての潮汕
010 潮州
011 汕頭

【遼寧省 - まちごとチャイナ】

001 はじめての遼寧省
002 はじめての大連
003 大連市街
004 旅順
005 金州新区

006 はじめての瀋陽
007 瀋陽故宮と旧市街
008 瀋陽駅と市街地
009 北陵と瀋陽郊外
010 撫順

【重慶 - まちごとチャイナ】

001 はじめての重慶
002 重慶市街
003 三峡下り（重慶～宜昌）
004 大足

【香港 - まちごとチャイナ】

001 はじめての香港
002 中環と香港島北岸
003 上環と香港島南岸
004 尖沙咀と九龍市街
005 九龍城と九龍郊外
006 新界
007 ランタオ島と島嶼部

【マカオ - まちごとチャイナ】

001 はじめてのマカオ
002 セナド広場とマカオ中心部
003 媽閣廟とマカオ半島南部
004 東望洋山とマカオ半島北部
005 新口岸とタイパ・コロアン

【Juo-Mujin（電子書籍のみ）】

Juo-Mujin 香港縦横無尽
Juo-Mujin 北京縦横無尽
Juo-Mujin 上海縦横無尽

【自力旅游中国 Tabisuru CHINA】

001 バスに揺られて「自力で長城」
002 バスに揺られて「自力で石家荘」
003 バスに揺られて「自力で承徳」
004 船に揺られて「自力で普陀山」
005 バスに揺られて「自力で天台山」
006 バスに揺られて「自力で秦皇島」
007 バスに揺られて「自力で張家口」
008 バスに揺られて「自力で邯鄲」
009 バスに揺られて「自力で保定」
010 バスに揺られて「自力で清東陵」
011 バスに揺られて「自力で潮州」
012 バスに揺られて「自力で汕頭」
013 バスに揺られて「自力で温州」

【車輪はつばさ】
南インドのアイラヴァテシュワラ寺院には建築本体に車輪がついていて寺院に乗った神さまが人びとの想いを運ぶと言います。

・本書はオンデマンド印刷で作成されています。
・本書の内容に関するご意見、お問い合わせは、発行元の
　まちごとパブリッシング info@machigotopub.com までお願いします。

まちごとアジア
イラン008チョガ・ザンビル（アフヴァーズ）
～「古代文明」の足跡たどって［モノクロノートブック版］

Digital Publishing

2017年11月14日　発行

著　者	「アジア城市（まち）案内」制作委員会
発行者	赤松　耕次
発行所	まちごとパブリッシング株式会社 〒181-0013　東京都三鷹市下連雀4-4-36 URL http://www.machigotopub.com/
発売元	株式会社デジタルパブリッシングサービス 〒162-0812　東京都新宿区西五軒町11-13 清水ビル3F
印刷・製本	株式会社デジタルパブリッシングサービス URL http://www.d-pub.co.jp/

MP054

ISBN978-4-86143-188-3 C0326　　　　Printed in Japan
本書の無断複製複写（コピー）は、著作権法上での例外を除き、禁じられています。